Inhalt

M2M-Kommunikation - Das neue Betätigungsfeld der Telekommunikationsunternehmen

Kernthesen

Beitrag

Fallbeispiele

Weiterführende Literatur

Impressum

M2M-Kommunikation - Das neue Betätigungsfeld der Telekommunikationsunt

M.Westphal

Kernthesen

- Machine-to-Machine-Kommunikation war ein Hype-Thema auf der diesjährigen CeBIT.
- Analysten sehen in Maschinen, die miteinander kommunizieren, einen großen zukünftigen Markt in der IT.
- Telekommunikationsunternehmen sind auf der Suche nach neuen Einnahmequellen und erwarten sich von der Maschinenkommunikation ein neues,

lukratives Geschäftsfeld.

Beitrag

Maschinen werden miteinander kommunizieren und die deutsche IT-Industrie könnte daran profitieren

Jedes Auto wird bald seine eigene Internetadresse haben. Deutsche Unternehmen, die Produkte für die Informationstechnologie anbieten, werden diese Nachricht gerne hören. Deutsche Unternehmen spielen in der Informationstechnologie nicht die erste Geige. Diese Statistik ändert sich schlagartig, sobald Maschinen, Auto oder Medizintechnik mit dem Internet verbunden werden sollen. Dann kann die deutsche Ingenieurskunst mit modernen Hightech-Themen verknüpft werden. Das erklärt auch vwarum die Kommunikation von Maschinen untereinander, auch Machine-2-Machine-Kommunikation genannt (M2M-Kommunikation), eines der großen Themen auf der diesjährigen CeBIT war. (8)

Der Einsatz von M2M-Kommunikation ist in nahezu allen Bereichen denkbar

Die Einsatzszenarien von M2M-Kommunikation sind vielfältig. Das betrifft sowohl den Bereich der Endkonsumenten wie aber auch die Industrie. Autos, die sich gegenseitig vor Gefahrstellen warnen, Gefrierschränke, die sich in Zeiten billigen Stroms herunter kühlen. Handys, Laptops, Kameras oder Musikplayer können miteinander verbunden werden. Außerdem sind medizinische Geräte möglich, die verschiedene Werte an den Arzt übermitteln. In der Produktion wird es Maschinen geben, die ihren Wartungs- oder Ersatzteilbedarf übermitteln. (9) Möglichkeiten des Einsatzes der M2M-Kommunikation bieten sich ebenso im Bereich der Überwachung der Schadstoffbelastung in der Luft, im Falle der Verbrauchsmessung bei Strom, Gas und Wasser wie auch in einer rascheren Bekämpfung von Waldbränden aufgrund schnellerer Eingriffsmöglichkeiten. (1)

M2M-Kommunikation wird nicht nur Kosteneffekte haben, sondern

auch die Umwelt entlasten

M2M-Kommunikation wird Stromnetze, Telematik, Flottenmanagement, Sicherheit, Zahlsysteme, Logistik, Gesundheit und erneuerbare Energien revolutionieren. M2M kann in diesen Industrien zu deutlichen Kostensenkungspotentialen führen. Trends, die mittels M2M-Kommunikation ermöglicht werden, sind sinkende Kosten durch innovative Lösungen im Gesundheitssektor. Ebenso sind aber auch niedrigere Kohlenstoff-Emissionen denkbar, da durch Fernabfragen zu Gerätestatus und Wartungsinformationen von Produktionsmaschinen weniger Automobil-Verkehr notwendig ist. Ebenso kann M2M-Kommunikation zu verminderter Energieerzeugung führen, da Maschinen und Geräte ihr Verbrauchsverhalten optimieren können. Internetverbundene Geräte ermöglichen also zahlreiche Vorteile. (9)

Die Telekommunikationsindustrie könnte mit M2M neue Umsatzpotentiale erschließen

Telekom-Anbieter sind immer auf der Suche nach neuen Geschäftsfeldern, um ihren Umsatz zu steigern. Nun sind sie beim sogenannten Internet der

Dinge fündig geworden. Der spanische Telekom-Anbieter Telefonica sieht die M2M-Technik (Machine-to-Machine), bei der physisch autarke Geräte automatisch Daten miteinander austauschen als lukratives neues Geschäftsfeld.
Schon in wenigen Jahren erwartet Telefonica, dass die Prototypen von heute dann den Alltag der Verbraucher erreicht haben werden. (1), (10)
Auch die Mobilfunkbetreiber erwarten, mit M2M neue Anwendungen und damit neue Umsätze zu generieren. Der Mobilfunkmarkt ist gesättigt, so dass neue Geschäftsmodelle dringend von Nöten sind. Die Mobilfunkunternehmen gehen davon aus, dass es nicht mehr lange dauern wird, bis mehr Maschinen miteinander kommunizieren werden als Menschen. Sobald die Technologie sich weiter durchsetzt, werden auch die Einsatzfelder noch deutlich zunehmen. (9)

Drahtlose Kommunikation ist für einen erfolgreichen RollOut von M2M nahezu unerlässlich

Von zunehmender Bedeutung für die Industrie ist drahtlose Kommunikation. Diese ermöglicht eine hohe Zuverlässigkeit gerade wenn die Kommunikation in extremen

Umgebungsbedingungen in der Produktion stattfinden muss. Auf der diesjährigen Hannover Messe hat es einen Sonderausstellungsbereich zum Thema Wireless Automation gegeben. Hier wurden die drahtlosen Übertragungsstandards Bluetooth, WLAN, ZigBee und neue Ansätze vorgestellt und für die einzelnen Einsatzbereiche spezifiziert. Auch die Mobilfunkstandards GSM oder UMTS wurden als Lösung für Fernwartung von Maschinen vorgestellt. Zu den Highlight-Themen gehörten die M2M-Kommunikation als Prozess-Monitoring Instrument. Hervorgehoben wurde die Echtzeit-Fähigkeit von M2M-Kommunikation.
Gerade im Bereich der Produktion erwartet man sich von der M2M-Kommunikation viele Vorteile. (3)

M2M-Kommunikation kann auch in Smart Grids erfolgen, ist aber datenschutzrechtlich nicht ungefährlich

Die ITK-Industrie sieht in Smart Grids, also Kommunikationsnetzwerken zwischen Maschinen, einen Markt der Zukunft, der im dreistelligen Milliardenbereich liegen dürfte. (5)
Meist kommen im Rahmen der M2M-Kommunikation in den sogenannten Smart Grids

Sensoren zum Einsatz.
Der Vorteil in der Nutzung von Sensoren liegt auch in ihrem geringen Strombedarf. Sensoren im Freien könnten mit einer AA-Batterie ausgestattet bis zu drei Jahre funktionieren. (1)
Der Schwerpunkt wird aus heutiger Sicht weniger im privaten als vielmehr im industriellen Bereich liegen, in dem dann Fernwartung und Kontrolle mittels Virtueller Privater Netze (VPN) ermöglicht werden. (5) Die in Smart Grids organisierte Gerätekommunikation birgt aber auch Gefahren durch Cracker, die die Gerätesteuerung illegal übernehmen könnten. Außerdem ist insbesondere im Falle der Übermittlung von Verbrauchs- oder personenbezogenen Daten der Datenschutz noch nicht vollumfänglich gewährleistet. Denn die übermittelten Daten könnten es ermöglichen, sehr detaillierte Persönlichkeitsprofile zu erstellen, wenn Daten wie Wann war der Fernseher an!, Wann wurde gekocht und Wann wurde der Fön benutzt übermittelt werden. Die ITK-Industrie weist in diesem Zusammenhang aber darauf hin, dass derartige Daten natürlich verschlüsselt übermittelt würden. (5)

Trends

Die Analysten von Juniper Research erwarten für die M2M-Kommunikation große Wachstumschancen.

Dabei sehen sie die Implementierung der von der EU getriebenen eCall-Initiative als einen Schlüsselfaktor für die Penetration von M2M. Sie erwarten, dass mittels eCall jährlich 2 500 Menschenleben im Straßenverkehr gerettet und 26 Milliarden Euro an Schäden verhindert werden können. (2)Es gibt heute bereits 19 Millionen Funkmodule in knapp vier Millionen Wohnungen, die ihre Daten automatisch und digital zum jeweiligen Abrechner senden. Die Firma Techem ist dabei der Marktführer. Etwa 40 Prozent der eingesetzten Ablesesysteme sind mit Funk ausgestattet. Es wird erwartet, dass in etwa zehn Jahren der Gesamtbestand aller Ablesesysteme mit Funk ausgestattet sein wird. (7)Der Mobilfunkverband GSMA erwartet, dass es in den nächsten 15 Jahren bis zu 50 Milliarden internetverbundene Geräte geben wird. (9)Auf ihrem diesjährigen Worldcongress in Barcelona beschloss die Mobilfunkbranche Standardisierungsrichtlinien, um die Maschinenkommunikation untereinander zu verbessern. Denn in der Vergangenheit scheiterten viele M2M-Projekte an fehlenden Standards. (9)Mobilfunkunternehmen können mittels M2M-Kommunikation ihre Abhängigkeit vom gesättigten Sprachtelefonie-Geschäft verringern.
(10)Mobilfunkunternehmen erwarten, dass der Markt für M2M-Kommunikation jährlich um etwa 20 Prozent wachsen wird. Treiber für diese Entwicklung sind die deutlich gestiegenen Übertragungsraten für

Daten wie aber auch die drastisch gesunkenen Tarifkosten. Denn möglich war M2M-Kommunikation bereits mit Einführung der Mobiltelefonie. Nur lohnte sich die Einführung damals nicht aufgrund der damaligen Kostenstruktur wie auch Leistungsfähigkeit der mobilen Netze. (10)

Fallbeispiele

Telefonica hat Waldbrände auf einem Testgelände in den Pyrenäen simuliert. Dieses wurde mit einem Netz aus 21 Hitzesensoren bestückt, die auf ein auffälliges Ansteigen der Temperaturen in einem Sektor reagieren und diesen an die Leitzentrale melden. Damit kann ein Löscheinsatz deutlich früher als bisher eingeleitet werden. Außerdem ist der entsprechende Sektor lokalisierbar. Mittels installierter Videokameras wäre sogar die Übermittlung von aktuellen Bildern möglich. (1) Einen weiteren Test hat Telefonica in der Weinregion La Rioja gestartet. In dieser überwachen Sensoren die Temperatur in Weinkellern ebenso wie Niederschlag und Sonnenintensität auf den Weinbergen. Beim Übersteigen von vorher festgelegten Grenzwerten wird sofort eine Nachricht auf ein Handy übermittelt. (1)
Mittels Smart Metering verbindet Telefonica in Testszenarien Wasserzähler in Häusern über Router

und Gateways mit dem GPRS-Mobilfunknetz. Damit wird bei der Übermittlung der Messdaten der Zähler auch höchstmögliche Datensicherheit ermöglicht. Die Daten aus dem Zähler werden dabei mittels dem drahtlosen Übertragungsstandard ZigBee auf die Router übertragen. ZigBee ermöglicht in geschlossenen Räumen Übertragungsreichweiten von bis zu 30 Metern, im Freien sogar bis zu 120 Meter. (1) Telefonica arbeitet auch an Szenarien, ganze Gebäude mit Sensoren zu vernetzen. Dieses Konzept nennen sie Smart Place. Die Gäste werden am Empfang mit einem Sensor ausgestattet. Mittels SMS auf ihrem Mobiltelefon werden sie dann zu ihrem Tagungsraum geleitet. (1)

Ein Smart Place-Konzept könnte auch dazu genutzt werden, wichtige Mitarbeiter, wie z. B. Spezialisten in Krankenhäusern schnell auffinden zu können. Oder mobile Computer könnten mittels Chip so gesichert werden, dass ihr jeweiliger Aufenthaltsort im Gebäude nachvollziehbar ist, da der Chip mit den vernetzten Sensoren kommuniziert und damit der Standort erkennbar ist. (1)

Die EU unterstützt derzeit ein Projekt mit dem Namen eCall. Dahinter verbirgt sich ein europaweites Notrufsystem. Es soll die Reaktionszeiten der Rettungsdienste verringern.
In Fahrzeugen eingebaute Sensoren lösen manuell

oder automatisch einen Notruf an eine automatisch gespeicherte 112-Nummmer aus. Die Notrufzentrale bekommt dabei einen Datensatz übermittelt, der unter anderem Ortszeit, Standort und Fahrzeugbeschreibung enthält. Unterstützt wird die EU dabei vom eSafety-Forum, in dem sich die EU-Kommission, die Automobilindustrie und andere Interessensvertreter zusammengefunden haben. Ziel ist es, die Standardisierung und Abstimmung der relevanten Anforderungen zur Einführung des eCall-Services voranzutreiben. Schon im Jahre 2010 will man damit beginnen, diese Notrufsysteme in alle Fahrzeuge zu integrieren. Die EU-Kommission erwartet, dass bis zum Jahre 2014 eine flächendeckende Versorgung mit Sende-, Empfangsstationen sowie die komplette Ausrüstung aller Fahrzeuge abgeschlossen sein wird. (2), (10)

Die Firma mdex in Tangstedt bietet ihren Kunden zusammen mit dem Mobilfunk-Infrastruktur-Unternehmen Nash Technologies in Nürnberg Testszenarien für ihre M2M-Kommunikationslösungen. Im Feldtest können hier sämtliche mobilen und realen Netzparameter simuliert werden, bevor sie die Lösung implementieren. Gerade wenn die M2M-Lösung komplexe Anwendungsfälle meistern muss, sollte der jeweilige Nutzer diese unter den verschiedenen Umgebungsparametern wie hohe Netzwerkbelastung, schlechter Empfang, Verbindungsabbrüche oder Handover-Szenarien testen. Dabei können mdex und Nash auch Handover zwischen zwei Technologien wie UMTS und GPRS simulieren. Ebenso sollte im Falle von stationären Lösungen die Extremsituation der Lokalisation zwischen zwei Zellen, wobei häufige Zellwechsel bewerkstelligt werden müssen, getestet werden. (4)

Solarzellen der Firma Evergreen Solar melden Ausfälle umgehend per Funk an eine Einsatzzentrale. Diese kann umgehend den nächstgelegenen Techniker benachrichtigen, der dann genau weiß, welches Modul er reparieren muss. Das erspart Evergreen Solar die Kosten für die monatliche Wartung, da die Geräte sich von sich aus melden, sodass die proaktiven Wartungstätigkeiten an allen Zellen entfallen oder zumindest deutlich abgesenkt werden können. (10)

Auch die Deutsche Telekom will am neuen Markt M2M partizipieren. Auf dem Mobile World Congress in Barcelona hat sie deshalb ihre Vision vom Vernetzten Arbeiten dargestellt. Außerdem hat sie ein Kompetenz-Center für die M2M-Kommunikation geschaffen. Bereits vor zwei Jahren hatte die Telekom einen Versuch unternommen, Werkshallen kommunikativ zu vernetzen. In diesem Markt herrscht eine Goldgräberstimmung wie zu Zeiten des

Beginns der Handywelt. (6), (10)
Auch andere Mobilfunkanbieter wie Vodafone oder AT&T bereiten ihren Einstieg in dieses Geschäft vor. (10)
Dienstleister für das Ablesen von Wasser- und Wärmezählern sehen in der Möglichkeit der Datenerhebung mittels Funk ein großes Potential. Der Prozess würde automatisiert und Ablese- und Übertragungsfehler damit minimiert. Außerdem würde das lästige Vereinbaren von Terminen und evtl. auch Nachterminen entfallen.
Allerdings hat diese Technologie auch ihre Schattenseiten, denn Funktechnik ist noch sehr viel teurer als die herkömmliche Technik. (7)

Weiterführende Literatur

(1) Vernetzen, was es zu vernetzen gibt
aus "Der Standard" vom 27.04.2010 Seite: 14

(2) M2M-Spezialist erweitert Automotive-Module Notruf integriert
aus Markt & Technik, Heft 17/2010, S. 23

(3) Partner Country Italia Process Automation - INTERKAMA Factory Automation Mobile Robots & Autonomous Systems Energieeffizienz in industriellen Prozessen Energy Power Plant Technology MobiliTec Industrial Supply CoilTechnica MicroNanoTec

Research & Technology Global Business & Markets Career Development & Training SPECIAL EVENTS Subfor Day Technology & Investment Day Halle/hall 6, Stand F01 Zentralpavillon Italien, Seminarbereich/Italian Pavilion, Seminar Area SUBFOR DAY Halle/hall 6, Stand F01 Zentralpavillon Italien - Seminarbereich/Italian Pavilion Seminar Area Wireless Automation & Speakers Corner Halle/hall 7, Stand C48 in.NRW Halle 16, Stand A10 Conference Industrial Embedded Pavillon P36, Robotation Academy/Robotation Academy Forum Produktionsnetzwerk Hannover Halle 16, Stand G04 Gemeinschaftsstand Produktschutz & Guided Tour Halle 17, Stand D17 Robotation Academy Halle 17, Stand D04, H02 The Future of Automation Halle 11, Stand A49 ZVEI Treffpunkt Elektrotechnik im Dialog Halle 11, Stand C33 Forum Mobile Roboter & Autonome Systeme Mobile Robots & Autonomous Systems Forum Halle/hall 14, Verantaltungsort (siehe Vorträge)/Venue (see presentations) EnergieEffizienz in Industriellen Prozessen -Efficiency Days EnergyEfficiency in Industrial Processes -Efficiency Days Halle/hall 15, Stand D40, Efficiency Arena/Efficiency Arena Branchen- und Exportforum Erneuerbare Energien Renewable Energy Industry and Export Forum hall 27, Stand K36 Deutsch-Belarussisches Energieforum German-Belarussian Energy Forum Convention Center (CC), Saal 15/16 E.ON - Energie im Gespräch Halle 13, Stand C40

Energieforum Life Needs Power Energy Forum Life needs Power Halle/hall 12, Stand C06 Public Forum Hydrogen + Fuel Cells hall 27, Stand H60 Kompetenzzentrum E-Energy & Speakers Corner Halle 13, Stand C51 SolarXXL Conference hall 13, Stand F10 Technical Forum Hydrogen + Fuel Cells hall 27, Stand H60 Anwenderforum Power Plant Technology Power Plant Technology User Forum Halle/hall 13, Stand C35 Anwenderforum MobiliTec Halle 27, Stand D52 Suppliers Convention Suppliers Convention Halle/hall 4, Stand D42 Werkstoff-Forum Intelligenter Leichtbau Halle 6, Stand B24 NEU: CoilTechnica Forum 2010 Halle 6, Stand G45 Forum Innovations for Industry hall 6, Stand H32 nanoTruck - Hightech aus dem Nanokosmos Halle 6, Stand J03 3. Kolloquium des Sonderforschungsbereich 653 Convention Center (CC), Saal Frankfurt F&T Arena - Forum Forschung & Technologie Halle 2, Stand C48, C37, C44, C45, A30 tech transfer - Gateway2Innovation Halle/hall 2, Stand D12 VDI Business Talks Halle 2, Stand D36 BonnSoir trifft Offensive Mittelstand Convention Center (CC), Saal 3 Company Presentations Halle/hall 27, Stand A06, Speaker's Corner SMEs in the EU: What does Europe do for your enterprise? hall 27, Stand A06, GBM Dome 1/GBM Dome 1 Die Wettbewerbsfähigkeit industrieller Produkte stärken Halle 27, Stand A06, Speaker's Corner/Speaker's Corner Europäischer Mittelstand vor globalen Herausforderungen Global

Challenges for European SME Halle/hall 27, Stand A06, GBM Dome 1/GBM Dome 1 Handwerker auf dem Weg nach Bella Italia Halle 27, GBM Dome 2/GBM Dome 2 Interkulturelle Kompetenz für Global Player Halle 27, Stand A06, Speaker's Corner Cooperation on Global Markets: Opportunities for German-Italian Partnerships hall 27, Stand A06, GBM Dome 1 Produkt-Konfiguratoren der nächsten Generation Halle 27, Stand A06, Speaker's Corner Risikoverlagerung und Absicherung in der Zulieferkette Halle 27, Stand A06, Speaker's Corner Vertragsgestaltung im internationalen Handel Risiken und Forderungsausfälle vermeiden Halle 27, Stand A06, Speaker's Corner Job & Career Market Halle 6, Stand H36 VDI business talks Karriere Halle 2, Stand D36 promotion in motion Halle 18, Stand B50 Technology Tours - Guided Tours Informations-Zentrum, Meeting-Point Wege zum ökologischen Umbau der Industriegesellschaft Convention Center (CC), Saal 3 A Donnerstag/Thursday, 22.04.2010, 10:0015:00 Uhr/hrs
aus MM MaschinenMarkt Nr. 734 vom 22.04.2010 Seite 031

(4) mdex und Nash Technologies kooperieren M2M-Lösungen dem Praxistest unterziehen
aus Markt & Technik, Heft 16/2010, S. 90

(5) Smart Grid ? der steinige Weg zum Internet der Energien

aus Computerwoche, 12.04.2010, Nr. 15

(6) Die Bilanz muss stimmen
aus Elektrotechnik Nr. 003 vom 09.03.2010 Seite 003

(7) Jede fünfte Wohnung funkt
aus Immobilienwirtschaft, Heft 03/2010, S. 48

(8) Autos für die IT-Zukunft
aus Frankfurter Allgemeine Zeitung, 02.03.2010, Nr. 51, S. 9

(9) Mehr als nur ein wohlinformierter Kühlschrank
aus Frankfurter Allgemeine Zeitung, 02.03.2010, Nr. 51, S. 14

(10) Dialog im Dunkeln Der automatische Datenaustausch zwischen Maschinen steht vor dem Durchbruch. Sinkende Preise und schnellere Übertragungen machens möglich
aus Financial Times Deutschland vom 15.02.2010, Seite 7

Impressum

M2M-Kommunikation - Das neue Betätigungsfeld der Telekommunikationsunternehmen

Bibliografische Information der deutschen Nationalbibliothek

Die Deutsche Nationalbibliothek verzeichnet diese Publikation in der deutschen Nationalbibliografie; detaillierte bibliografische Daten sind im Internet über http://dnb.d-nb.de abrufbar.

ISBN: 978-3-7379-0365-3

© 2015 GBI-Genios Deutsche Wirtschaftsdatenbank GmbH, Freischützstraße 96, 81927 München, www.genios.de

Alle Rechte vorbehalten. Dieses Werk ist einschließlich aller seiner Teile – z.B. Texte, Tabellen und Grafiken - urheberrechtlich geschützt. Jede Verwertung außerhalb der Grenzen des Urheberrechtsgesetzes bedarf der vorherigen Zustimmung des Verlags. Dies gilt insbesondere auch für auszugsweise Nachdrucke, fotomechanische

Vervielfältigungen (Fotokopie/Mikroskopie), Übersetzungen, Auswertungen durch Datenbanken oder ähnliche Einrichtungen und die Einspeicherung und Verarbeitung in elektronischen Systemen.